AF598825

UN MAR QUE LLEVO

Antumi Toasijé

Aliarediciones

Corrección: Eladia Guerrero
Ilustración de portada: Antumi Toasijé
Diseño de cubierta: Pablo Arellano
Maquetación: Aliar Ediciones

Depósito Legal: GR 169-2026
ISBN: 979-13-88058-66-0

Impreso en España

Edita
ALIAR Ediciones
www.aliarediciones.es
info@aliarediciones.es

UN MAR QUE LLEVO

Antumi Toasijé

A mi querido amigo, mi hermano del alma
Francisco Javier Arbonés López:

«por el todo y la nada, por el todo y la nada juntos,
por aquello que es opuesto al todo y la nada juntos
y por esa quinta parte que no puede ser conocida
para la que creamos cierto peculiar nombre».

UNO

POEMAS NUEVOS

LO QUE TRAJO LA CRISIS

La crisis trajo injustos desahucios muchos
y los despidos, premio a toda una vida
dedicada a comulgar con ruedas de molino,
y por eso trajo el abrazo de la vecindad, del barrio,
el compartir la compra,
el regateo en el mercado.

Llegó la crisis y se llevó muchas conversaciones soberbias,
soberbias en el mal sentido,
se llevó uno de los dos coches,
y con él se llevó
las frases ampulosas dichas en voz alta,
la confianza puesta en los ladrones,
los logros pasajeros.

A mí la crisis,
en la que siempre estuve por otra parte,
me ha mordido la lengua lenguaraz a veces,
me ha regalado introversiones,
me ha quitado los blasones,
me ha hecho mirar a mi familia
más todavía.
Majestuosa crisis.

AFROS

Somos Afros,
que llaman negras y negros,
no sé muy bien qué sea eso
si no es la realidad de remitirnos
a un pasado y un presente muy concretos.

La historia más grande jamás contada
de un pueblo que son mil pueblos,
que quiso transformarlo todo
porque no se conformaba
con nada.

Africanas y africanos, Afros,
a la fuerza o por voluntad propia
habitando una y otra vez el planeta entero
porque ese orgullo no cabe en un solo continente,
el orgullo de mil quinientos millones de personas
ha venido a poblar la Tierra toda, una vez más.

Admiración solo tengo para esta hazaña
de centenares de años de lucha,
y en el penúltimo capítulo
demoliendo la esclavitud,
arruinando la colonización,
desmantelando el apartheid,
desmintiendo las mentiras,

sembrando caos en la iniquidad,
partiendo por la mitad el provecho de los menos,
estropeando todos los planes de subyugación,
cimbrando las partituras con jazz,
zarandeando pintura y escultura,
aguando la fiesta de los abusadores.

Tú sabes lo que digo:
lo que África trae al mundo,
siempre algo nuevo.

ES UN MISTERIO

Cada segundo es un misterio,
una nave que va.
Me detengo observando
las irisadas variaciones de la superficie marina.
Una nave que va
con el seguro destino de la desaparición,
con un origen desconocido
debajo de un cielo con estrellas
muy brillantes y azules en la noche
o en un día de nubes recortadas
y un cielo muy brillante y azul.
Cada inhalación, cada exhalación
de nuestros dieciséis mil millones de pulmones
¿a qué lugar nos acerca?
¿de qué lugar nos aleja?

Hipnotizados por el vaivén de la marea,
vamos zanjando el tiempo,
un surco de espuma que llamamos memoria
se cierra tras nuestro paso,
caótico se transforma
y lo vemos alejarse abriéndose,
avanzando nosotros levemente
pero cada vez más deprisa,
y pronto, tan fulminantemente viajamos,
vertiginosamente rápido ahora ya

aunque no hay referencias para percibirlo,
solo la estela de nuestro pasado
en la lejanía revuelta.

Bailamos la mayor parte de la jornada
en una danza en la que giran dos,
siempre desconocidos,
en ambición de conocerse
y que se repite cientos de miles de veces
en cada vida con diferentes seres,
con un cosquilleo en el corazón cada vez,
describiendo círculos
sobre una cubierta ocre y brillante,
muy nítida con reflejos irisados.

Y si miras al horizonte solo expectativas
ocasionalmente expresadas,
hay leyendas, fábulas, mitos, bellas historias,
verás lo que quieras ver
porque aparentemente no hay nada
salvo uno mismo.

No me digas que nunca piensas en eso:
cada segundo es un misterio,
una nave que va.

¿A qué lugar nos acerca?
¿De qué lugar nos aleja?

DESTINO

A pesar de los golpes de la vida sigo pensando…
Sigo creyendo, ¡caramba!,
que hay una tarea que cumplir
y por eso me siento volar
cuando miro estas viejas fotos no tan viejas
donde he roto muros, sí,
desmenuzando sonrisas complacientes, sí,
con circunloquios científicos,
con duras manifestaciones a pie de calle,
con una pintura que no se doblega ante nada,
batallando contra cosas en las que temía creer
con una poesía que dice lo que quiere,
batallando en favor de realidades
que me producen vértigo,
y lo mejor de todo…
A veces, solo a veces,
cuando miro estas viejas fotos no tan viejas
siento que estoy cumpliendo, sí,
y no quiero que la falsa modestia lo estropee, no,
porque es un ala muy leve que me toca el alma
y como ya dije en una ocasión,
aunque pocos lo vean, aunque tú no,
yo lo veo: y me pone a volar, sí.

DESAFORADAMENTE

Amarte aún más todavía
toda electrizada de aromas,
de tu tacto la dócil dulzura,
las sinuosas redondeces tersas,
extasiante la belleza de tu piel
imbuida por luces nocturnas
que llegan desde la ventana.

Amarte aún más todavía
por verse uno grande y fuerte,
sentirse querido, admirado, amado,
atravesado por un rayo muy fino,
un rayo muy preciso y exquisito
que hace vibrar un corazón audaz
al ver tu sonrisa de gozo llena,

sin saber que todo es mentira.

DOS

TODOS TIENEN EL MAR

LA BRISA

Entiendo que deseas esas palabras,
rotos esbozos de almas posibles
como el cielo en la noche de una infancia.

Las palabras que rescatan todo dolor
y mitigan seres que lo recorran
de pies pequeños y fríos son y en tus oídos
alojan calambres de recuerdo,
montañas de recuerdo,
hijas del recuerdo.

Brisa marina es brisa del más profundo centro
de tu centro que comunicar hoy deseas tanto.

Piensa pues que la soledad está
en la muchedumbre cómodamente instalada.
Pero estas vanas cosas ya las sabes.
Tu ansia es un pecho que cubre el mundo,
aloja miríadas de aves silenciosas,
aves para cada década,
aves para cada ilusión.
Si bien perdidas ahora son en sentido propio
esos haces de luz acariciadores.

Túmbate aquí, amigo, ¡ah!, la brisa del mar...
Entiendo que las palabras ya están dichas,
van y vienen con esta brisa divina.
.

A VECES UN RAYO GAVIOTA

A veces un rayo gaviota podría partir
el lodo que escapa de unos ojos nuevos.

Le debo a la calma, el viento susurrante,
esas manos que poco a poco van deshojándose.

Si no fuera por la calma, hace tiempo que el sol
habría convertido el lento mar frío.

Si no es por la calma
cada espina de mi piel sería una excusa
y cada excusa
un secreto duelo,
un ayer olvidado,
un cuerpo yaciente,
un satélite.

La velocidad de la calma es la utopía
en el hombre abatido,
loco.

Es la fe última
es el nautilus primigenio.
La espiral.

MIGRANTES

Es una saga, sin duda lo es, caminantes,
os veo ahora hermanos perdidos,
entre cíclopes de Europa,
mañanas frías se confabulan,
más frío que en el aliento,
en el concilio del corazón

No pierdas la luz, amigo.
¡Amigo! ¡Amigo! ¡AMIGO!
Tú no la pierdas, esto es una saga.

Si por las mañanas muere un pájaro,
no entierres el pájaro;
si por las mañanas muere la piel,
no vendas la piel;
si por las mañanas cae el rostro,
no hagas una máscara.
Esto es una saga que habrá de contar alguien.

Así:
«En el tiempo de la decencia
hacían un corrillo los curiosos
y les hablaban de ti y de mí, de nosotros:
"No rasgaron el cielo.
No la noche. No renegaron".

Alguien alabó a los valientes,
muchos convinieron: ¡es una saga!».

Levanta la mañana, amigo.
Por favor, tú sabes lo que somos,
un día despertaremos y tal vez...

No sé.

Sí, por las mañanas muere un pájaro;
sí, por las mañanas muere la piel;
sí, por las mañanas cae el rostro.

Pero
esto es una saga, no vendas, no tú.

CUANDO ME CANSO

Parco en palabras mi agotamiento
tiene cordura contemplativa perpetua,
la orilla a mis ojos de un mar
que llevo conmigo en mi yo húmedo,
en mi yo agaviotado de arena.
Es como si mi reloj se hubiese partido
y me hubiese mojado suave los ejes
hasta ser todo salitre.

Cuando me canso te respiro,
aire de un paisaje sin partes,
tú que tan bien me conoces
cántame olas de silencios rompientes,
te pido, o callo respetuoso.
El mundo se escucha en una caracola,
yo os oigo hablar a lo lejos,
murmurar,
vuestra agitación viene y va
poseedora de un latir propio.

TRAS EL DESPRECIO

Tras el desprecio, azulado, anaranjado, dulce,
de ramas como brazos alejándose,
de canela, de cañaveral,

y como los restos que el mar arroja
a las playas desérticas
en otoño,
creciendo en una montaña de anhelo
la fuerza de un puercoespín, de una nube
ascendiendo por un acantilado eterno,
o de montones de hierro viejo
rasgando el aire, abandonados.
Poderosamente desintegrándose.

Él tiene la fe aprisionada entre sus dientes,
garras, costillas, huesos, entrañas, cejas,
piernas, manos, cabellos, pieles,
entre sus ojos,
entre sus palabras.

MARE NOSTRUM

(Por Islas, de Derek Walcott)

        Yo también tengo islas
como ojos de coral,
        en un mar salitroso y calizo,
con verdín de naves de Kemit[1]
y Qart Hadasht
                y herrumbre de tantos.

        Me llegan hasta los pies
olas habladoras
        con gritos de espuma olorosa,
ecos de viejos marinos ahogados,
la ambición y los sueños,
                algo que nos acompaña siempre.

Las islas,
estaciones del alma,
etapas de la vida
ya sea del viajero hermanas
                separadas
unidas
        separadas.

---

1. Es el nombre que otorgaban los antiguos egipcios a su país.

El sol irisado suele colarse por los poros
en simbiosis con el turquesa amante,
y cuando te ha llenado ya
no abandona esta ánfora de carne.

Es arena la sangre, crustáceos la piel,
y como cuando toco una lucerna antigua
el Mediterráneo se estremece
siempre que nos miramos.

APREHENDER lo inaprensible,
rodar hasta el valle,
ansiar lo inasible y rodar,
pronunciar unas palabras nocturnas sobre el mar,
el mar,
tan   grande,
y rodar hasta el valle
y levantarse.

Pretendida plenitud que seguir
para deleite de titilantes
ociosas frías las estrellas
y el Muro, el muro otra vez.

Recoger con estas manos
una cosecha que se escurre entre los dedos
y la Hoya, la sima cóncava.

A gusto de frondosos
poderosos fríos los bosques
deseado deseo que matematizar,
agarrar esta cabeza levantarla
grande
tan   marina,
pronunciar unos discursos
contra papeles arrugados,
y rodar,
rodar hasta el valle.

Aprehender lo inaprensible,
rodar hasta el valle,
ansiar lo inasible,
a fin de cuentas,   vivir.
Es decir,
esta Vida.

EL SUR

El Sur alza la rodilla,
la vuelve al sol lleno,
está de signos su agua,
su mar, que es la gente.

Las llanuras del Sur
donde pacen los rayos,
las llanuras del Sur
pueden arrancarme.

He buscado la vida
que se *ocultapa* debajo
del signo de la mano
que acaricia tibia.

Y no codició jamás
el frío del extraño
como nube cuajada
de premeditación.

Me vio engendrar
la expresión beatífica,
el Sur vio nacerme
el sentido de todo.

Qué raras mis amadas
si el Sur no,
si el Sur tremebundo,
si el Sur extraño.
Yo soy Sur,
yo extraño el Sur
como todas las personas,
aunque no quieran,
ebrios en remolinos
de heladas neblinas.

SI LA CADENCIA DELICADA

Si la cadencia delicada de Sade Adu
puede traer nuestro pasado,
¿qué no harían tus ojos en una noche
llena de luces centelleantes?

Decir lo jóvenes que éramos
es una perfecta alucinación.
Solíamos serpear por vericuetos
de nuestras extrañas almas.
Porque creíamos que teníamos alma.

Juntábamos en un corro de agudas voces
agudas y expresiones extremadas,
los rostros aún por formar,
como libros breves pero intensos,
como licores dulzones pero agrios,
como un martes por la tarde.

Y dejábamos fluir el tiempo
en una asignación de señales
corporales que agotaban
nuestros sentidos recién abiertos
hasta un clímax que llegaba
cada vez distinto.

Es una perfecta alucinación
mirar nuestras fotos,
que se van doblando por las esquinas
perdiendo su tono y perdiéndose.
¡Éramos tan jóvenes!,
te lo digo con una sonrisa
que oprime mis pulmones.
Los compromisos con el futuro.
Hoy son compromisos
con personas y cosas.
¿No sabías que las personas
son como las hermosas enredaderas?

Nos reuníamos en esa casa,
en medio de las montañas
atestadas de árboles olorosos
con motivo de la implosión
de un amigo que no terminaba de gritar,
un amigo que se sentía rodeado
de sacramentos fantasmales,
y beodo siempre reunía
quince o veinte voluntades,
en un centro de nuestros centros,
en una noche llena de velas
que tiemblan dispersas.

Tus ojos en una noche de principios
o de finales porque allí y entonces
todo era posible.
Porque nada era permitido
y entonces allí todos en círculo
juntábamos en un corro de agudas voces
expresiones extremadas,
las frentes multicolores y suaves cantaban
brazo con brazo siendo un fragmento de uno
pues creíamos sinceramente
que teníamos alma.

BARCELONA

¿Te acuerdas del Nkosi Sikelel' iAfrika,
colgado de un balcón esquinado,
entre dos avenidas llenas de ruedas,
y un muchacho que gustaba llamarse Kemit
solo en la ciudad más gris del mundo
llena de ruidos y su himno sonando?

¿Te acuerdas de las discusiones
sobre los cien frutos del islam
con un amigo que casi te ofende
y casi te salva la vida tres veces
y casi la pierde por tu familia,
cuando la ciudad más grande del mundo
llena de ruegos casi te devora?

¿Te acuerdas del cumpleaños de Mandela
como una razón para vivirte,
para revivirte, para mirar tu piel
y sentir que la vida tiene un sentido último,
para gritarles a los demás su inopia
perfectamente trazada desde la caverna?

¿En el primer libro de Soyinka comprado
con las monedas arrebatadas al estómago,
recuerdas cómo moría el hombre
y como renacía el oculto hombre negro,

un hombre negro tapado por los pliegues
del mundo monocromo y falsario?

¿Te acuerdas de un muchacho
que desafiaba el cosmos con un transistor
de pilas que son recargadas con rituales mágicos
cerca de vacilantes tomas de corriente
y el Nkosi Sikelel' iAfrika cultivando
el sentido de su vida solo?

¿Los discursos de El-Hajj Malik El-Shabazz
que se desprenden de una cinta gastada y llorosa
que se atasca en el reproductor cubierto de polvo?

Te ruego no le interrumpas
cuando mira el horizonte marítimo
como si todavía planeara algo...

SEASON OF ANOMY, de Wole Soyinka

La vehemencia de este amor poeta te pierde
y así en el infierno de la vida por no resistir
la llamada de la belleza de su muerte eres autor,
dicen en ese famoso cuento yoruba o griego.

Parece que lo que nos fue otorgado
no deba si manos ansiosas lo tocan
ser poseído; cruel se entiende
en tantos y tantos poemas
para con el idealista la existencia.

Es el tema de siempre,
es la respuesta de nunca.

En esta plataforma
perdida en un temblor de estrella,
el hombre contra el hombre eleva su arrogancia,
cruza la frontera y regresa con un pellejo en las palmas,
que ahora sucias cantan borbotones de savia quemada.

Cierto, Ofeyi; un joven, ella; Iriyise, una bella mujer,
pero qué importarán Iriyise, España, Nigeria, Grecia,
muertas por amadas.

HÉROES SIN ISLA

(A Javier Arbonés)

Hemos buscado en el roce de una mujer
un éxtasis divino que nunca quiso llegar,
y nos ha cegado en su empeño el dolor
por lo que pudimos no haber sido, o bien,
por lo que inspiraron los juegos triviales;
haber sido menos sensibles, algo duros.

En verdad nada sabíamos acerca del ocaso.
En la distancia iniciábamos nuevas sendas
pero los círculos se resolvieron espirales,
la forma de las nubes nos unía cada vez,
cual al atardecer el encuentro de gaviotas,
solo que sabíamos, ¡ay!, nada del ocaso,
jamás hubo ocultación que solo franqueza,
fuimos cautos o fuimos jóvenes, y la noche
tuvo que sentir errabundos nuestros giros,
amamos, reímos, lloramos, vivimos, así fue,
no sabíamos absolutamente nada del ocaso.

Si me llegan a decir que el ocaso era esto,
si me llegan a contar el final del relato yo...

Cuando se preparaban las despedidas
solías abrir la mente, nacían estrategias,
castillos de arena, sutilezas desde el alma,

los imposibles, la belleza de un personal
estilo de estar, de fabular, de apasionarse
han inundado hoy mi esencia empantanada.
Recuerdo sobre todo cómo al descender
por la escalera de mi casa hacías un alto
en el primer rellano y me mirabas arriba,
yo en el arco de la puerta te correspondía,
y alzabas la mano o las cejas brevemente,
con un brillo especial en los ojos; tu adiós,
como el definitivo que quisiste regalarme
apenas un día antes de la mayor tragedia,
ese gesto tan familiar resultó ser el ocaso.

CIERTAS COSAS…

A mi desgastado modo de ver la existencia,
la lluvia surge por el oeste
y se precipita por oriente furiosa.

He visto soles rodar por colinas,
arañarlas cruelmente,
dejando un rastro calcinado a su paso,
como montones de gaviotas
tras una explosión nuclear, y luego,
borbotones de miedo y vacío.

He visto un cíclope azotar
mansas naciones indefensas,
corriendo como terremotos saturninos
profiriendo maldiciones rotundas,
al igual que la noche, y luego,
borbotones de duda y vacío.

Allí estaban después unas manos,
un latido, una melodía.

A mi broncíneo, verde, verdeazulado,
ocre modo de ver las cosas,
la tierra acostumbra a detener su giro.

A veces he perdido el musgo del árbol
y desorientado he ido entre matorrales,
un poco aturdido, un poco llorante,
luego, el musgo estaba, siempre estuvo
en mis dedos garfios que se vuelven hojas
que se vuelven días: como un objeto viejo,
desenterrado de su significante,
desnudo de su significante, todo cabal sentido.

Resulta que así es la paz de ciertas cosas.
Una melodía, un tacto, una respiración agitada…

A mi modo de ver todo, en mi vértigo
que no sabe pedir perdón, indomado,
yo he conocido un miedo tan universal
que a veces olvidaba desear la muerte.
Y sin embargo nada, o por ello nada
ya que odiar me queda, que llorar me resta,
o que despreciar.

No he vuelto como la espada la espalda
tan azotada, la cabeza tan sumergidamente dolorosa,
los viejos brazos tan enraizados en el gesto del abrazo.

Pequeñas vidas, pequeños intervalos de belleza,
una frase preciada…
Me recuerdan que ese viento pasó eras atrás
y en su memoria,

a mi desgastado modo de ver la existencia,
la lluvia que surge por oeste
y se precipita por el este furiosa

es aplacada,
en amor de las pequeñas cosas.

QUÉ ME VAS A CONTAR

Qué me vas a contar de Atenas,
        Atenas estuvo allí y las piedras.
Subimos por la colina el camino que lleva a la Acrópolis,
yo volvía mi rostro a menudo,
        Atenas se pierde por el norte.
Enfilábamos la cuesta final, y las piedras...
        Alguien nos recordó que hacía mal tiempo,
                binomio imposible, Atenas se perdía a oeste.
Recuerdo cada detalle,
                        las briznas de hierba en los márgenes del camino.
        Arriba la ciudad infinita por el este o hasta sus cumbres,
sur es El Pireo, puerta y muro y…
pero qué te contaré de Atenas,
estuvo allí, nada he olvidado.

Las escaleras llenas de mundo, todo continente
desde Kemit civilizados los helenos
y las piedras,
piedras milenarias bajo mis pies,
¡piedras milenarias bajo mis pies!

FETICHISTA DE PIEDRAS

Fetichista de piedras
que tus manos tocaron
que han mirado esos ojos
que han observado esas cosas.

Quería arrojarme al suelo
y beber tierra y nunca más
circunspecto decir:
«Interesante, conveniente, agradable, ¡oh!»,
solo morder, exprimir el jugo de las piedras.

Somos un río perverso que serpentea tus calles,
vanidad, curiosidad, y algo de miedo
o respeto,
oí decir a alguien que la pereza es en realidad tristeza,
algo así aproximadamente,
en tu patria sentí pereza de la pereza,
una alegría en la tristeza
es lo que busca el fetichista de piedras.

HECHIZO FATAL

Batalla aún más dura si cabe
al pacifista plantean estas cariátides del Erecteion
de suaves delicadas concretas curvas.

He recorrido el templo por sus estrías
entre grietas y lascas desprendidas.
Luego las verdaderas cariátides en el museo
arropadas protegidas incluso de la luz
que parecen arrojar.

Si Oriente quisiere esos tesoros
¿qué no hiciere el pacifista, empuñar un arma?
¡Ay!, el Oriente, desde el otro lado del Bósforo
bien fácil odiarte, prometer dar la vida, bien fácil
prometer dar la vida, bien fácil prometer odiarte.

Y yo sosiego mi mente llena de satrapías impías,
de falsos fantasmas foráneos, apariciones,
fatuos fuegos embrujo de unas mujeres que,
petrificadas, tal vez inflamaron al poeta inglés.

¿Acaso no hubo tesoros donde Darío y los suyos?
¿Acaso Jerjes no lloró ante el sangriento espectáculo
de una cruel batalla ganada?

Bárbaro es Occidente si cabe aún más que
el bárbaro Oriente.
Las dos caras de una misma moneda,
cuyo canto son las cariátides del Erecteion.

EL SOL DE MARATÓN

¿Y Qué Me Importará A Mí Maratón,
Montón De Huesos Secos,
Si Me Trujo el Caribe y Me Condicionó
La Lengua Extensa Del Atlántico?

Maratón a unos cuarenta kilómetros de aquí
un puñado de insensatos
un puñado de fieles.

Con la insensatez no contaron en Lidia,
sabían vivir, no los griegos.
En Maratón el sol se pone por oriente,
este es un hecho constatado.

Unos turistas etíopes fueron a Maratón
esta mañana, volvieron a mediodía
cargados de noticias, justo a tiempo
para el lento cambio de guardia.
¡Qué cambio de guardia va a ser!

Me decían que en Maratón no hubo sol,
¡y eso que los suyos y míos
estuvieron en el otro bando!
Claro que los míos, los suyos,
los tuyos, los nuestros

están en el bando que delimite cada moral particular.
Por más que lo niegue Maratón me importa,
¡Pero Es Que No Pude Ir!

HECATOMBE

Hablando de Maratón
por aquí hay mucha leyenda,
dicen que el de los cuarenta kilómetros y pico
ya llevaba dos días de aquí para allá llevando mensajes.
No sé,
diría que tal vez llevaba dos siglos corriendo
y que murió siete veces para dar siete mensajes
y que en Maratón cayeron un millón de griegos
y diez millones de persas,
que todas las familias del mundo
tienen alguien abatido en Maratón,
y aun así no mentiría,
porque en cada campo de Europa, de Asia,
de África, de Abya Yala,
a las afueras de cada pueblo
hay un Isandlwana o un Maratón,
o ciento.

ISLA DE LA VIDA

El sol elevándose sobre las nubes
ha arrojado haces de luz sobre el fuselaje del avión.
He girado mi rostro y he visto trozos de vida muy juntos.

Como dedos de un dios tremendo ha deslumbrado
con su insidia la luz el ojo lleno de asombro,
creí morir en el éxtasis de verdor de la isla,
luego explosiones de gas bajo el arco iris,
lo aterrador de una explosión de gas
entre una lujuriosa jungla muy viva
y una cortina de lluvia tan delicada.

Las evoluciones del monstruo de metal,
aproximaciones a Otchó[2], vida, vida, vida,
y cuando está presto a tomar tierra
a ambos lados vida.

He girado mi rostro y he visto trozos de vida muy juntos,
la lujuria de vida que puede matar.

Con su insidia la luz el ojo asombrado ha herido
en el éxtasis feraz de la isla.

---

2. «Isla de la vida», uno de los antiguos nombres *boobe* de la isla de Bioko. Colonialmente conocido como *bubi*, el *boobe* es un pueblo originario de la isla de Bioko.

POR MUCHO QUE SUFRAS ÁFRICA

Por mucho que sufras África, África volverá a ti
Sueño a menudo con la selva,
un millón de gritos de la selva
como un único ser vivo.
En el crepúsculo las vanas obras del hombre
por la fragosidad devoradas.
Restos de una iglesia de madera,
agonizantes sobre una loma
cubierta de verdor.

Un vapor denso ausente
me tiene siempre con una mirada
que se aleja de todo.
Hemos recibido el ungüento de la vida
en el rito de los espíritus ancestrales.
Centenares de personas sencillas y amables nos rodean.
Con la conciencia de que lo que hoy es paraíso
mañana es infierno; vivir así.

La belleza de la enorme ribambachilá[3],
subfusiles en manos de hombres ebrios,
un hombre con una flor en el pelo,
niños infinitamente ángeles,
el hermoso horizonte marítimo,
atestado de tiburones.

---

3. En lengua *boobe* nombre de cierta enorme tarántula.

Vivir así volverá a ti, estés donde estés.
La vida esencial, la fibra de la vida.

HE PENSADO en todas estas cosas
perfil contra la playa,
nubarrones densos traían
pequeñas gotas de lluvia
del golfo de Guinea.

Buscábamos bilolá[4] entre algas
sobre la arena negra volcánica
salpicada de restos cerámicos.

El mangle no sé si quiere conquistar el mar.
Los niños en la patria son tan formidables
que ocupan todo el corazón, todo corazón.
Trajeron una concha pequeña,
parca pesca en un día gris.

Yo estaba hipnotizado mirando el nácar,
en los dientes del nácar,
en los pliegues del nácar,

hay tantas vidas...

---

4. En *boobe*, molusco comestible de delicioso sabor.

Quiero Hablar Como Ese Mar

Sin compromiso con el sentido, el orden,
el gusto dominante, la causa.

El mar no se compromete   tú lo sabes.
Se dice que abraza con especial amor unas islas del Pacífico
pero mañana las castiga y quedarán desoladas,
ateridas, rotas, frías, sollozando muy azules,
en su rincón del mundo.

Es prudente temer el mar,
más fácil amarlo,
inevitable ambas cosas.

En el mar están los gritos mezclados
de todos los hombres, de todas las mujeres
y todos sus hijos.

Los gritos y susurros que vendrán,
los cánticos, las esperanzas,
un continuo murmullo, tal vez para siempre.

TRES

DISCOTECA Y SALVACIÓN

DEBO

Debo acomodar el cansado talón
al intersticio de sol en un bosque
como se dirigen las hormigas
por las grietas de un muro antiguo.

Es una espiral esta conclusión
breve que llamaremos humano,
no sé si piedad o si nostalgia,
ha de ser suficiente al paisaje
como se dirigen las nubes
por la superficie acerada del afán.

Sin ya el anhelo del niño,
es un hoyo donde enroscarse,
lo llamaremos humano sin más.

Yo paseaba por los márgenes
de mi historia como una arcaica falla,
atravesada de ríos caudalosos,
y era esa pasión eruptiva
ante el abismo infinito y embriagador
el sentido, la verdad, el asombro.

Aunque actualmente,
estos tiempos me ven
viendo pasar mi vida

como un barco chirriante que va,
es proporcionado asentar cómodo
el reposante cuerpo en una hoya
no muy profunda, pero feliz,
en la extraña carencia de deseo.

A esto también podemos llamarlo
un sentimiento humano,
y debería ser suficiente,
aun cuando nunca lo es.

DADO QUE

Dado que esta concreta existencia
de piedra parece no proponer solución
al problema eterno y recurrente
de la dirección el destino y yo qué sé,
debo limitarme a mirar pasar calmos
por ojos comparables a dedos,
los días y las noches atemperados
por la experiencia conductora del alma.

Fíjate que una deidad suprema
me dijo sin ambages que la vida quieta
es similar al placer de un violonchelo
en la noche arguyendo notas
simplemente bellas por su forma,
y yo, con orgullo, no atendí a sus ruegos.

No es un éxtasis estar así
sin expectativas sosegadamente
sin puertas al solaz del espectáculo
no por conocido aburrido.

Es, simplemente, mejor que nada
de lo que la vida me ofrece.

QUISIERA OTRA VEZ

Quisiera otra vez un carnaval
y las máscaras, que hoy no sería
para comprender, solamente.

Quisiera la recurrencia del ayer
del modo en que los viejos
recuerdan esas pequeñas tonterías
que desdeña el biógrafo impaciente.

La recurrencia de lo pequeño,
la primera vez que dije mi nombre
atronadoramente a otro
y pensé que era perfectamente mío.
La primera vez que di mi mano,
como un castillo de naipes.
Para comprender; solamente.

Quisiera el ajetreo de los días
de lo sensual y de los fluidos vitales
pero desde lejos, tras una barrera
armada en cuerpo de curiosidad
casi completamente científica.

Porque este cuento bello,
extraño parece que no tiene,
y esto puede hacerme sonreír,
un apreciable argumento.

SIN CUARTEL

(Servicio militar obligatorio)

Conversadores y el atardecer
en la explanada de la cárcel militar,
es un ambiente chulesco,
protege temores, envolvente.

Allí los cañones me tienen frío
y me hielan también.
Vinimos a ver cómo destruye
el humano su bostezo de luna.

Ellos no me tendrán,
de ti ya tienen una señal,
pequeña, una rabia en cultivo,
en monocultivo; desesperanza.

Creí que podría hacer unos chistes,
al caso es igual, y, sin embargo,
pa qué haberte dicho nada,
sentía que iba a explotar.

Sobre las mandíbulas odio,
ganas caninas de gritar,
ganas de fundir los fusiles,
fósiles destellos de ignorancia.

Una voz marcial viene a por ti,
te recuerda que el tiempo
de la amistad se te está acabando,
tienes que irte, seguir aprendiendo a matar.
Una madre sale y te interroga,
su hijo, señora, entró esposado,
le dijimos: estará bien, seguro;
sentía que iba a explotar.

Sobre las mandíbulas caninas odio,
una rabia en cultivo, en monocultivo,
y desesperanza.

Vinimos a ver cómo destruye el humano
su bostezo de luna, injusto, injusto,
injusto, injusto, inútil.

Si se hubiese permitido un silencio
allí mismo, en medio,
la tarde y la noche se habrían separado
para no unirse jamás.

Y habría empezado
la verdadera lucha sin cuartel.

NO TE GUÍES

No te guíes por la traicionera cambiante,
tan pronto chica-grande como media-entera,
sobre la playa peligrosa; luna.

Tus circulares trayectos
a cuyos pasos en la arena interrogas
son una eterna cadena y no de otro sino tuya.

Tan tuya como tus manos que zumban
una melodía de flauta, cálida,
protectora entre dunas nocturnales.

Yo voy caminando mientras amo,
pero ese objeto de mi deseo que desconozco,
ese centro de duda abrumada y sola
es la carga que llevo y podría, no sé,
explicar cómo el viento devora la superficie
de las mujeres pasadas más queridas.

O sea, todas esas cosas que decimos
cuando la vida cansada nos mira la cabeza-pecho
o cuando nos sonríe en una broma,
el juego inesperado de unas coincidencias inusitadas
y, en fin, por fin, un día la barruntería tiene sentido.

AVERIGUACIONES INTERIORES

Te he buscado en estos días de confusión,
urdimbre que se desintegra a roce del empeño,
debajo de mi lugar interior entre pertrechos.

El baile de máscaras que viene a contravenir
el prurito de la médula de un modo de mirar
verdaderamente me ha engañado las lágrimas.

Luego el baile no es tal pues una sala vacía,
un letrero luminoso se va apagando, fundiendo,
y sus promesas agonizarán en retinas viajeras.

Debo recorrer lugares comunes que nos nutren,
los lugares con nombres antiguos respetados
te encuentran mucho antes que mi desconsuelo.

Allí estás de nuevo, inmaterial, en todo ello.
Una promesa de humanidad; unas capacidades:
¿ansiar, concebir, invocar, elevar, amar?

DISCOTECA Y SALVACIÓN

Pretenderé que cierta amigable manera de dar forma al viento
subyugadora aparezca haciendo el instante concluyente.

En esta isla centiluminada, atestada, ajedrezada, enmarcada,
la quimera es la huida hacia el interior, una especie de luz.

E indiferente circunstancial el otro aquel femenino,
como es el mar de brazos sino por impugnar a lo arrebato
el común uso bajo el estruendoso día: maniquinear tensos,
automáticos, aceptando esta religión del desmadre domado.

Es una escalera de caracol ambiciono hoy ascendente,
y puede explicar cosas que las gentes saben, pero callan.
Hipnótico aletargante alucinógeno ondular sobrehumano,
quiero tu advenimiento hoy bajo estos preceptos de deseo.

Invocado mansamente como un recurso último, en el salto
al centro de nuestro cráneo para la tregua pertrechado.

Es solo música sincopada rítmica repetida repetitiva elevada,
y viene del modo en que no suceden nunca las cosas diurnas.

Entonces es la verdad; yo giro,
aceptado por todo moveré
esa parte de un ego durmiente
bajo un manto de palabras.

Toda explicación absorta es difícil, igual que es de mi agrado
el momento en que cansado, creyendo perdida la estela,
de nuevo la música ensordeciendo el alma en su fibra limpia
en volandas me giravoltea me entrasale me elevalleva entero
perdido ya el referente matérico vulgar, explayándose al fin...

Podría ser un extraño nirvana,
generacional y muy particular,
de no ser porque del nirvana
ciertamente no se vuelve.

MUJER EN DISCOTECA

El gaceleo que otorgas y expira cada noche herido de razón
me ha visto mirarte de reojo,
como la cresta de una gran ola explora la Vía Láctea.

Yo era un remolino de brazos y de ansia de sueños excelsos,
sueños de esos parecen brotar
de la anfractuosidad de la vida, granados de desenlace.

No quise la tantas veces desoladora batalla de espejos-máscaras,
todo fue el momento,
tras unas forzadas palabras prototipo de contacto.

En el trance nada singular propiciado desde el desánimo,
por músicas deseadas,
aprendidas, repetidas, propias; donde últimamente.

Tu cabal historia, desconocida y llena de matices,
ha de quedar en este aire
inspirada por un rostro dulce y apenas unos movimientos.

Entre nosotros mecida por esa mezcla de ideas y ondas
tendrá una superficie sonora,
reflejando un modo de sentir, nacido de hipótesis de encuentros.

El gaceleo que otorgas y expira cada noche herido de razón,
me ha visto mirarte de reojo
y me ha turbado como si hubiese en mí una vida que espera.

MÁS MADERA

Conscientemente,
pequeños pedazos de mi tiempo se desprenden,
se elevan desde el asfalto con su lentitud,
al pasar por calles en Palma yo me transformo
y me cubro de grisalla.

Conscientemente,
permito que el amanecer tras la juerga someta
a gentes ancianas, jóvenes en feas fachadas
a la magnificencia de la libertad silente,
que bromea con la aurora.

Anoche,
unos amigos y servidor que jugábamos
en un ruidoso lugar cerca de las lenguas
que tiene el mar de Mallorca.

Anoche,
unos vómitos de un tío que giraba
en el centro de nuestros ojos
como un tiovivo, no sé si fue anoche.

Anoche,
unas canciones como golpes
y el calor, reunidos todos al fin,
bajo lazos de nuestros dedos, brazos, manos.

Anoche,
la mortecina inopia inescrupulosa
y la verborrea delirante galopante
en la línea del suelo antes del accidente.

Luego el taxi se desliza por el mundo
como una cucaracha entre baldosas.
Henchida, llena, mi barriga espumosa;
un géiser que dice lo que no debe
y luego la curva fatal, sí, hombre,
donde el Bar Bosch, el de los pijitos.
Allí los del SAMUR y unos curiosos
no sé muy bien qué largo cuerpo
en círculo observan como muerto.

Nuestros muertos que son una pira, que son
una pira ardiendo en cada ciudad, en cada edificio,
nuestros tributos a ese dios de la biomecánica
del que hablaron en ese libro y en esa película,
salen de cada día redondo y me lo joden, ¡pues no!

Pero el humo en mis pulmones, pero el humo.
Pero el calor en mi piel que levanta ampollas.
Pero el crepitar como disparos de luz.

Calma, ¿hoy qué cuento manido podría excusar mi frío?
Ah, ya sabes, la semana que viene estrenamos año.

HE VERTIDO
sobre la alegría de tu pecho
un pretencioso canto insistente,
a pesar de la escasez de los días,
he llamado a tu rostro que es el mío
y que regresa cubierto de sentencias.

Luego, a solas, puedan las fotografías
aliviar la carga que se acumula en mi miedo,
en mi miedo desganado, arenoso, tiritante.
Las fotografías estiran los ojos derrotados
de mi rostro cubierto de sonidos extraños
hasta su conversión alambicada y aparente
a una supuesta fe.

Mi pena, amiga amada,
se muestra como la veloz sonrisa
que estalla de tu transparencia discreta
y es capaz de disgregar toda pregunta,
y detener el contoneo lascivo de las excusas.

Porque signos anuncian el tiempo de la verdad,
la verdad de unos gestos que acarician el aire.

VIGÉSIMO QUINTO AÑO

Me gusta caminar por templados pasillos oscuros
sin otra luz que la memoria susurrando mensajes,
aunque gentes a través de mis manos dirijan
mis pensamientos a un interruptor.

Mi cuerpo lento de elefante mosquito muerto
hace ademanes como aspas en veranos sin alas,
y cómo me gustan las manecillas del reloj
que con mi tiempo no alcanzo.

A pesar de doctores del vivir que hastían
cacareando reproches de observador marcial,
asaltándome la paciencia con aguijones dorados
que siempre confusos caducan.

Esa paciencia epidérmica, sospechosa,
que no acaba de descansar sobre el cúmulo
dormido de lava, piedras, ojos, aves, viento,
palabras, pesadillas, días.

¡Qué noria de los segundos pasados y presentes
en la frente que reposa sobre un puño pacifista!
Y esa mirada que sin ver acaricia la humedad,
a través de una ventana.

DÓNDE

¿Dónde en esta noche, dónde
que se desprende de una melodía?
¿Dónde en esta pequeña, dónde
que gira lentamente y baila
en el centro de mi cabeza?

¿Dónde está la luz que anhelo,
la luz que no intento, no quiero
desear tocar suave siquiera?
Mujeres que amé son senderos
en la oscuridad iluminados
de la vida que me aguarda
inerme y doquiera me cerca.

Arrojé sobre el mundo
una lluvia de vida, ¿recuerdas?,
promesas cumplidas brotaban
a mi paso como el verdor;
yo recuerdo tu tibio cuerpo,
de él cada milímetro impreso
en la memoria de mi otro Yo,
el Yo henchido de verdad,
Yo que se atorbellinaba
con la mirada de un desconocido.

Y de ti, tus besos ansiosos,
bocanadas de aire puro,
después del pozo de dolor
en que nos sume la rutina,

jurábamos la vida juntos, eterna

o

hasta la muerte.

Esta noche quiero recordaros
suspendidas de mi vacío,
os encontrasteis con este que yerra
y viaja por una región que desconoce,
ora sorprendido, ora temeroso
y a veces tan melancólico
como unas gotas de otoño,
con unas palabras en su mirada
impronunciadas;
esta existencia.

VIGÉSIMO SÉPTIMO AÑO

No ha de abandonarme todavía,
sorpresa perenemente acechante,
esta sensación que aguza mis ojos,
átomos del intramundo en el mundo
de modo que alojados en la cara
sendas aves nocturnales raras,
pirámides, piedras, faros, esfinges,
en rocas, acantilado, cuevas,
observando esta gran casa,
metido entre sus cristales,
sienten ver en todo el hilo,
el inicio, el núcleo y el fin.

¿AMOR POR FIN?

De lo que dejaron los días y sus horas y su aura
recógeme unas gotas de ese sentimiento.

Siempre, sabemos, regresarán sean miedo,
desgana, o quieran desgranadas hojas del árbol
nunca completamente verde o seco.

El rigor de la estación me trae la extensión
que cansa ojos, que calma ojos que se cierran
como clámides de la existencia.

De las cosas que han quedado por aquí del pasado,
tráeme unas gotas de victoria, úngeme hoy
como cuando al horror le seguía un sueño,
como cuando al dolor le seguía esa gloria tan íntima
de anticipar un futuro que acabó siendo.

CUATRO

LA BONDAD DEL GIROSCOPIO

DESESPERACIÓN

Si de algún modo un puño es un grito
y un grito el silencio
y el silencio la impotencia
y yo no lo he vivido
permíteme anhelar el fin de todo.

Ante tu absoluta muerte concreta, perpetua,
solo arrastrar cadenas, arar surcos en mi piel,
arañar la pantalla de los acontecimientos comunes
y abandonado girar o dejar de respirar.

Es tan absurdo que no guarda nombre y calla y calla y calla
ante mi ira o mi dolor, y calla.

RESOLUCIÓN

Es esta la última noche y como para todo final meritorio
habrá lágrimas y desesperadas tentativas desconocidas.

La última noche será larga y se extenderá por todo año,
el vivido y el deseado, el año de la siembra y el de la mies.

Debe en rigor de su naturaleza abarcar tres ciudades
y alguna otra donde caminaron estos ojos extensos.

Zigzagueará por desiertas avenidas de la Barcelona opaca,
se posará un instante en una esquina que conocemos tan bien
que podríamos evocar cada una de sus intermitentes quejas.

La noche y yo… la noche deberá otear exiguo el horizonte
visible desde un apartamento cerca del puerto de Ibiza
o las montañas al final de su larga calle cuando rosean;
abajo está la casa del buen amigo Roig, allí hará un breve alto.

En Palma de Mallorca se arremolinará alrededor de viejas
callejuelas contra soportales de piedra de mansiones
con patios como sueños, y a la vista del paseo marítimo
recordará los reinos nómadas que proclamé con Javier.

Tal vez también Sevilla de los puentes, así seguramente
Atenas antigua, y de su vida tome una pequeña sonrisa.

Pero no podrá ya arrojar dementes excusas pretenciosas,
ni me podrá volver a mentir ya que tengo establecidos
cada uno de los extremos de su rostro galante o tembloroso.

No podrá volver con todos mis nombres y extenderlos
como siempre sobre la mesa de los mapas europeos fríos
a la espera de un gesto de complacencia, o sea, de abdicación.

Ya sabe lo que sé, ya sé lo que pretende con esa espera,
pues el tiempo de ese conocimiento también me conoce.

Es esta la última noche de un modo de vida, o la última,
como saben los que dedican odas al absurdo, de las que
recuerdo.

HE FANTASEADO con nuestra ruptura hasta casi creérmela,
como Esumaré fantasea sobre muertes que jamás serán.
Tu dureza aparente ha desalentado esta búsqueda
y la temblorosa hoguera gime en una noche inmóvil.

Lejanos sonidos acompasados cierran el cuadro,
tal vez mi corazón, si no el tuyo, en algún lugar perdido.
Recuerdo el infantil juego de esconder un reloj
y perseguir su rastro sonoro hasta encontrarlo,
ojalá tales juegos en sentimientos tuviesen par,
tú-yo; tic-tac.

Sin embargo, no ha de ser así, la boga infinita sin brújula,
sin sextante, sin memoria, sin documentos ni testigos,
la boga infinita espera mi desesperanza hoy como nunca.

¿Cómo llegué a este estado?
El dolor omnipresente me mira a los ojos.
A menudo la música ha sido un consuelo;
pero mi cerviz se elevaba y auscultaba,
este es el sino, errar y errar más veces.

Nuestra ruptura,
nuestra ruptura acrisolada desentonando
me duele más que la inacabable búsqueda.
De hecho, pienso en detener mi marcha,
me hiere más y por primera vez en años
la grave perspectiva de un fin liberador.

Así pues, bogo en la noche, sin brújula,
sin sextante, sin memoria, sin documentos,
sin testigos, y, por lo demás; marcho como puedo.

LA FUERZA

Creo bien seguramente que venimos de sendas batallas,
aturdidos pasos bajo nocturnidad y error sobre error.

Pasados tan grandes que aun ni olvidados se perderían
están detrás de cada gesto y de cada palabra arbitraria.

Te veo tal como me veo; dureza disimula desesperanza
y esquiva te muestras al deseo de un amor nunca fingido.

Si no fue amor tu Xanadú sí siempre por siempre el mío,
mas creo que a obstinación no le resta en nada tu lucha,
si he de ser sincero, pues de lo amado se anhela ese amor.

No esperes el rudo discurso de los erráticos comunes,
no, no, no y no, no niego el candor y sus frutos,
a pesar de la lluvia que oblicua me hostiga en la noche.

Ante las lanzas ya de savia cubiertas proclamo eterno
un reino excelente en todo a las máscaras del baile vulgar.

Y llorar si he de llorar, y gritar si debo gritar, y sentir,
y cuando la luna mililumina rostros tanto extasiarme.

Revelar en voz-pecho cuanto deseo utópico del alma,
cuanta quimera de cuanta verdad en cuanto momento.

Bien es esta, en calidad de evidencia, esa clase de fuerza que proclamaron antiguos y modernos entre los poetas y todos aquellos merecedores del nombre humano.

BLADE RUNNER

Amada Rachel, querida muñeca arrojada al pozo de una duda,
humana Rachel, más humana superado el trance
de la conformidad falsa
tras la trampa de unos recuerdos como los de todos,
implantados,
o unas fotografías en su aparente objetividad;
la congelación de un soñado ideal
donde mecánicas ovejas serían carne.

Ahora, a nuestro triste nivel de perdidos,
aunque con un cariz épico por tu sombra
en la ciudad que nunca existió,
eres el Cristo-Mujer que todos negamos,
hija-sobrina de Tyrrell en la tierra,
ya no sacrificable y por ello
sin posible salvación.

Pero olvida lo que quisieron que fueras,
contempla hoy la extensión e imagina...
porque cuatro años son toda la historia de la humanidad.

LA LEY DE LA ENTROPÍA

(Por El vientre de un arquitecto, de Peter Greenaway)

Me confieso desconcertado, perdido.
Qué quisiste decir con una silla desmembrándose.

El cuerpo cae pesadamente.
¿Y llora?
¿Y qué son giroscopio y niño?

¿?
Son claves de este mundo, son
verdades de estos seres, verdades,
creo intuir, pero no sé si definir creo
saber y sin embargo apenas saber,
principio de las cosas principio
y fin
g
i
r
a
n
d
o

¡Cuánta inocencia marchita ha poseído un espacio!
Recompone varas que lo atraviesan y se yergue y vuelve sobre sí.

La maldad de los seres o ignorancia y la bondad de un estómago orondo
son deshilachadas por pertinaz la muerte.

Se produce el volcán:
autoescribirse, autofotocopiarse, y así,
no hay nada que enoje más que la profesión
de vencer las fuerzas invencibles,
porque todo monumento perecerá cayendo
poco
a
piedra.

Es la ley de la entropía,
infronterizable, única para definir la dirección de un suceso,
sinónimo de verdad
o sinónimo, para alivio de todos,
de sentido.

AMIGOS QUE FUI

(Por Blade Runner de Ridley Scott)

¿Qué lugar ha de quedarte, amor,
si la región de tus recuerdos alienada
esparcida está sobre la mesa de disección?
Yo te comprendo el miedo y la rabia.
¿Y si me ocurriera como a ti?

No elegí mis recuerdos,
ni la quietud de mi rostro
cuando revivo un dolor,
o cuando observo abatido
no tener nada en mi memoria
sobre una mujer hermosa
a la que hubiera amado
por su indefensión.

Rachel, me apropio de tus ojos
y de la épica del desengaño
porque secretamente comparto
con tu fotograma un amor
por la humanidad casi proscrito.

La lluvia a veces en esta ciudad
me trae un regalo del pasado
que olvidaba que recordaba,

y a veces un anhelo recurrente
de haber vivido lo que sueño.

Cuando niño juré recordar el terror
pero se transfiguró en comprensión,
y de este modo todas las cosas.
Soy así para cada edad.
Mis amigos…
De eso no reniego,
afortunadamente.

BURBUJA DESCOMPUESTA, MIEDO Y *JAZZ*

Yo te conozco, vienes al anochecer en la calma,
otra vez dando muerte a mi intención de cordura,
llegarás al caer una experiencia a
l

v
Evidenciarás el tamaño de l a sombra
Revolviéndose c on el recuerdo
de un origen s í n nombre
¡ o h!, ausencia,
a la que tanto acudiera en mi infancia.
Cuán lejos, sin embargo, ahora de ti, temor,
pues de nada pende mi nueva vida,
aunque con tus restos construya frases,
ya que todo es insuficiente siempre,
hasta la indagación profunda
sobre los motivos del suicidio de la razón
que conforman tu contorno.

Quizás solo una melodía cadenciosa
como una canción de cuna para un porqué
que me martillea el valor en cada derrota o victoria...
... adormezca y despierte la realidad y los sueños
que más allá de lo narrable pueda todavía perseguir.
O, por fin un día, la desaparición.

L. A. 2019

(Por Blade Runner, de Ridley Scott)

Los Ángeles, dominio del género humano.

Habéis doblegado la naturaleza,
hizo lo que sois, y a vuestro desierto oscuro
no devuelve sino una nube eterna,
una lluvia doliente calles-sueños a través
recortada por el neón y por espectrales sombras.

Hemos convertido lo divino en acervo,
vuelto nuestro rostro débil a lo sagrado
y en esa frente se escribía una rabia que decía
que merecíamos lo que pedíamos;
después de eras de cadáveres.

Pero es poco lo que pedíamos,
es el espejismo de la gran cuestión
que huye a cada paso dado,
que parece mecernos en una cueva, que parece…
mantener la venda de miedo siempre allí; aquí.

¡Cómo no voy a amarte, Rachel!
Más que a ninguna mujer real,
más que al precedente común,
si tú eres con tus imposibles lágrimas
espejo mayor de esta nuestra búsqueda.

Pues con miedo y con apretados los puños
siempreadelante, delirante voy,
creando lo que no estaba,
lo que nadie imaginó,
para poder creer que podría
tal vez algún día vencer mi muerte,
o que podría fulminar con una palabra
entre tú y yo todo contrasentido.

Los Ángeles, dominio de las gentes.
Los animales escasos reptan en nuestro interior,
en tu interior, como deseos, como ataduras,
y ya poco le queda al ser humano para ser lo que finalmente
quiera ser.

AUGUSTO

(Por Augustus, de Glenn Branca)

Es tremendo el dolor oscureciendo en un horizonte cubierto
y quienquiera que quiera ha perdido las columnas de los pies,
se tambalea peonza clamorosa torbellinamente amedrentada,
se reúne con el centro como una locura de luna y de planeta
pero no cae sostenida por el recuerdo de una acción inicial
a la que ha decidido llamar poder porque contiene dirección.

Está descansada, serena la verdad detrás de ese hombre mortal,
o de frente, en su frente, de su frente colgada esperando quieta,
y puede ser su perpetuidad acecho o la inmanencia de lo cierto
pedregoso inmenso en cada arruga de un rostro que interroga,
como los bustos y estatuas antiguas de emperadores romanos,
entre ellos Augusto, de quien ni Suetonio es capaz de decir
algo verdaderamente feo, aunque lo intenta denodadamente.

Cosas europeas de antiguo; que realmente parecen cosas de todos.

Es tremendo el dolor oscureciendo en un horizonte cubierto
portador de una promesa de Minerva y porteador de designios
que emborronan la representación de lo celeste inalcanzable
o de lo telúrico perseguido por el miedo y la curiosidad.
Pero la peonza no caerá hasta perder de su rotación tan triste
la palabra o el sentido, ya que anima a alentarla si se reduce.

Cosas europeas de antiguo; que realmente parecen cosas mías.

Yo digo que esto es conmoción, entonces me detengo; imagino:

la pequeña lista de primeros reyes de clanes tiene inteligencias,
dos y afectas, con una batalla de pasos en sus introspecciones,
con ecos y bifurcaciones delimitadas por nichos inmarchitables
y una premeditada presunción de la finitud de todas las cosas
que quisiera creer empezó a brotar en esos días al contemplar
aguas de marzo caer por el impluvio de una villa o de la Guerra Civil
en una tregua, sentado César del Lacio en la ladera de una colina
o mirando Augusto el famoso pez pescado y, quién sabe, a lo lejos
si un horizonte oscureciendo, anunciando la proximidad del final.

DE AMORÍOS y otros hechos,
prodigiosas canciones simples,
arrolladoras fuerzas del pasado,
minutos de un apenas me elevan,
como solo un gran fui que soy.

El ayer un puño todo inocencia,
una espalda que sí se encarama
a las correosas ruinas de la torre,
tan voluntad, tan delirio.

De vuelta mi sórdida compañera irreflexiva.
Si bien al principio fue opimo manjar el suelo,
lasciva hoy se sirve de mi cama que santifiqué,
y lo que es peor, ya aprendió timbres y tonos
amables a mi oído, vía feliz de sus palabras.

Canciones adormecedoras tan íntimas.

Soledad me ambiciona suyo más que yo la quiero.
Descortésmente me dirijo últimamente a todos,
por abrigo de orgullosas palabras sus caricias
y apretado un haz de yoes paseo por las avenidas
más allá de lo contractual en el suburbio o alfoz
pretendiendo la Mujer, ya apenas concepto.

Canciones tan simples que atraviesan todo cuerpo,
o sea; la verdad, más allá de lo posible.

VIGÉSIMO SÉPTIMO AÑO (Segunda parte)

Todavía el arpegio, la cadencia en perpetuo regreso,
en constante jornada a parte extrema.

Y es una celebración esta existencia y su existencia
porque todo lo que no se perdió vive.

Todavía ramas son miradas; la vista algo elevada,
cómo amo este tamiz de amor tejido.

Pequeños éxtasis entre desiertos de descreimiento
que ahora acompañan sabia paciencia.

Ni disimulo ni resignación, como ave que en tiemblo
respira un momento y observa y respeta.

Bien cierto que, lejos, sirénidos me cantan,
no escucharé pues mis propios gritos o súplicas.

Unido a un destino voy que creara el niño instruido,
cuánto celebro esta conducta todavía perseverante.

COSAS COMO ESTAS

Una fruta de pronto demasiado madura
puede ser motivo para un arco de bondad
surgiendo de mi frente, mi duda; si comer si no comer,
y una solución como un hálito santo, comer para no tirar.

Suelen suceder amado por koras y violoncelos
una noche, en esta casa cualquiera,
cosas como esta, tan diminutas.

Afuera la noche gira, despacio, tan despacio…
las jambas delicadas de las ventanas
quieren seguir su curso preciso.

Después de trabajos por arduas montañas
aquí paréceme un centro he hallado
y está bien sereno en su noche.

Entra en el hogar, sin prisa se descalza conmigo.
Hará un breve ademán amigable
elevando su vista sobre un cuadro.

A este centro reencontrado
no lo asustará mi asombro,
pues ya no es más que sosiego.

Cosas como esta, pequeñas,
suceden en las noches de esta casa
amado por koras y violoncelos.

DELEITE

Creí otra vez haberte perdido,
como sabes, por culpables Soledad y Vacío,
pero síntomas son para mi error señuelos,
pozos del compromiso.

Sin embargo, al compromiso
nada le importa este asunto nuestro.
Esta danza de ejecutores-nubes,
solo a lo que seas pertenece

        y a lo que sea yo.

Por el laberinto de la existencia
por costumbre tienes abandonarme
y cuando empiezo a desesperar esperar
reapareces toda gala.

Recuperar el vuelo me concedes,
y me llamas por mis nombres,
y me regalas mundos, ¡ah!,
y cordilleras son quincalla.

Wheatley lo llamó Fantasía,
antaño te supuse Dios
como casi todo el mundo.
Hoy me deleito sin tardanza.

Apenas notada tu presencia,
no pregunto más tu nombre,
lo abandono todo, pues,
recuperar el vuelo me concedes.

Y esta danza de ejecutores-nubes,
venga como ahora de una película,
pertenece solo a lo que seas
y a lo que soy yo.

JAMÁS CREÍ que del otro su insistencia
reclamara tanto dolor para con uno,
y es que verdaderamente anticipa
una crueldad que denostaré siempre.

Sonrío a veces, inmediatamente después,
insano me recorre un calor, una vergüenza.
Remordimientos se precipitan virtuosos
superabundantes a la caza de orgullo.

Te he repetido noes sobre una petición
tan inmensa que se sobreentendía.

Tu silencio y la amargura de tu garganta
que no ha mucho besara ansioso
desvía cuatrocientos ojos transeúntes
a ventanas sobre la calle bulliciosa;
tuyos,
míos.

Pude flaquear, pero callabas tanto…
Luego, me justifican ponderados discursos,
y me aclaro secretamente los ojos con agua,
y nos despedimos como cuerdas de koras o pianos rompiéndose.

EN UN POSIBLE FUTURO

Reconozco el vacío detrás de tu legión de objetos,
ellos arropan tu pasado de frases fresas indomadas
por si el frío de la ausencia.

Sé de tu historia el hito,
la decisión que te empuja en tu contra,
y la nada que te cercaba no te justifica,
ni el aire que ahora espías intramuros;
olvidaste valorar el contenido
de entre los candidatos en el mundo.

Patético ejecutivo de estrés al cuarto,
deja de mirarte por la ventana las canas.
Tan necesitado de una ocupación productiva,
poco importa ahora cualquier motivo.

Y me saludas sin detenerte:
No tengo tiempo que perder
para seguir perdiendo el tiempo.
Etcétera, etcétera, etcétera.

COMPROMISO

Actores de este penoso trasunto
de comedia sin ciencia
precedidos por la nada
que puede engullir bocas de estrellas,
escamadas o no de burbujas.

Entre los agitados, amarillos posos
son ataúdes de pasivistas,
la música inexiste temeraria
y es cercada y abatida
donde el compromiso es la bruma,
llameante ignorada en tus ojos,
lejos del centro que debiste saciar de direcciones.

Una gran mano puede esta noche descorrer
la cortina PRO-TEC-TO-RA de esos nosotros
que patalean entre bastidores a pierna batiente.

Y, de nuevo, la risa histérica
es el eco en el puente sin extremos,
al punto, es de la caída el aviso.

LUNA

Palidez triste de anhelante ánima, no es,
ni, hombre mediante, será
cosa distinta al polvo y a la piedra
bajo mecánicos pies de astronave.
Ya; tampoco un viento solar te lleve
huella o grafía de la desilusión;
abanderada de burras barras y presuntas estrellas,
primera civilizada basura augurando
un seguro futuro de cloaca.

Sin embargo, por más que el haz
que desnuda en una danza de sombras,
y la faz que oculta, impresas por siempre estén
en la lengua de una cámara:
como a la luz constante fracaso
es para mis ojos mudo recipiente
del caudal inagotable que alimenta la inquietud,
donde la sinrazón de su existencia en desorden
persigue en la mía el porqué.

Engranaje de la demencia, así de nuevo está
—espéculo en mis sendas—,
por aullidos que son a la antigua duda
preguntas que su asincronía inspira
y cede en espejismos nautas de la nada,
engarzando nuestros destinos.

Demente abulia en cierta hipnosis quisiera nocturna
ante tales renaceres fuese esperanzada expectación:
mi último fruto inocente.

Sea, en un día final, el paseo de su derrota,
como en este, de mi sombra fiel al vacilante paso.

ANOCHECER Y FRACASO

Aherrojados frágiles destinos
que, a la vista, desde una diminuta ventana,
entregara al paisaje su rostro
en engañoso contraste
con el aparente orden de las experiencias
colmando gota a gota su perplejidad.

Se apodera de la conciencia,
en el momento de la consunción del mundo,
que todo reduce, y encara lo andado.

Come pasiones,
caen interponiéndose en su trayecto circular o condena.
Por no mirar arriba es indigno su desplome
en el suelo de los nunca contados siglos,
mientras les sigue lloviendo ese sino perpetuo.
No hay aflicción hoy que pueda dejar
la derrota en su severa evidencia;
cuando todo está para siempre perdido.

Ni dolor por lo inalcanzado,
así como no pueden volver
sombras olvidadas sin alma.
Recojo estos extremos
cerrando el círculo
donde no entres: yo.

Cierra el día
un tiempo
malgastado
y muere,
lentamente;
acaba.

EL FIN DEL MUNDO

Uno:

Me he levantado sobre la cautela,
una noche larga indominable.
En esta sala, turbulencia inmóvil,
inmóvil giroscópicamente,
las cosas son tan extensas…
Si fueran finitas sus regiones yo...
Si son finitas, afuera es el vacío lejos,
perdido todo compromiso con la idea,
con los días y espacios.

Quisiera elastizarme para alcanzarte
y del modo en que se pierde una paz
te me vas sentido.

Hay algo que navega en la nada.
Hay un hombre en su centro,
extremo que absurdiza su nombre,
y siente pavor.

Dos:

Al punto en el punto algo elevado
de encuentro me encuentro,
hallo arduo el camino y las huellas
a fuego en las fronteras
de mi equilibrio interior,

caras que no preciadas
para un pago tan cruel,
tan exiguo.

No es soberbia ni acaso codicia,
y sí una pregunta; me toca el hombro
haciéndome girar el rostro,
al pasado entre líneas del presente.

Debería, permíteme, pensar
en el sentido de trabajos enormes
mudos ante el velo de la muerte
y transfigurados en recuerdos.

Al punto es el punto,
pues si el fin del mundo es el fin
¿qué será del continuo del ente
que creo ser, que cerco ser?

Y dime tú, amigo, ¿qué nos queda?
donde no son ya miradas,
donde no ya pasos hay,
donde ya no una sonrisa.

¿Es el todo inacabable ir y venir?; sin sentido.
¿Es el todo parte eterna y parte no?; sin sentido.
¿Es el todo o es solo parte de sí?; sin sentido.
¿Es el todo parte ni eterno ni finito?

Preguntas ante su cuerpo
que imagino viaja así, yaciente,
más allá de estos conceptos,
lejos, allende las galaxias.

Tres:

Como momento, como región: EL FIN DEL MUNDO.
Como frontera del espacio-tiempo, como fin.
Allí el vacío llena de sinsentido lo que existe
y arremete contra la locura hecha carne vigía.
El fin del mundo, el vórtice voraz: ES LA BOCA.

Permíteme el fin del mundo que pone las cosas
en su justo lugar sin premio en una tarde amable,
que arrebata a una mañana lenta toda su solidez,
y corrige todos los crímenes contra todas las naciones.

Sí a los granos de arena confundidos, son: SU VOZ.
Sí a una conversación larga; toda su singularidad
no es más el viento perdiéndose en la desolación
pues encuentro el fin del mundo entre dos letras.
Sí a una causa contra la caída: EL FIN DEL MUNDO.
Habla conmigo desde el ocaso de los astros,
nos piensa como se conducen las hojas a la luz,
es el sentodo, nueva palabra, verbo, dirección.

Me arrastra de la mente, corre, inicia: DESCRIBE.
Se posa sobre todos los objetos como el polvo.
Ha tendido un puente entre manchas de pincel.
Por el interior de rocas desviadas sopla bravío.
Hace que los humanos inclinen al fin LA CABEZA.
Ha ajustado los engranajes del juego colectivo
reuniendo las muertes con los viejos reflejos
de frases envilecidas a causa del aturdimiento:
de ti, debido a ti, debido a quien se fue; DEL SER
que nos hizo girar, contra la gravedad: BONDADOSO.

2004-2024

Ibiza, Palma, Barcelona, Malabo, Batete, Madrid, Parla,
Accra, Baltimore

ÍNDICE

Este libro se terminó de editar en Granada
en febrero de 2026 por

www.aliarediciones.es
info@aliarediciones.es